Rogelio San Luis

Olas, Palabras del Mar

Rogelio San Luis

Olas, Palabras del Mar

Tragedia poética en un acto

JustFiction Edition

Imprint
Any brand names and product names mentioned in this book are subject to trademark, brand or patent protection and are trademarks or registered trademarks of their respective holders. The use of brand names, product names, common names, trade names, product descriptions etc. even without a particular marking in this work is in no way to be construed to mean that such names may be regarded as unrestricted in respect of trademark and brand protection legislation and could thus be used by anyone.

Cover image: www.ingimage.com

Publisher:
JustFiction! Edition
is a trademark of
International Book Market Service Ltd., member of OmniScriptum Publishing Group
17 Meldrum Street, Beau Bassin 71504, Mauritius

Printed at: see last page
ISBN: 978-620-0-48793-3

“OLAS, PALABRAS DEL MAR”

Tragedia poética en un acto, original de

Rogelio San Luis

GANADORA DEL FESTIVAL INTERNACIONAL DE TEATRO DE LA REPÚBLICA DOMINICANA.

PERSONAJES

(Por orden de aparición)

CORO DE OLAS

VIEJO

MUJER

La acción, el mar entre dos playas.

Época, actual.

Lados, los del espectador.

A mi nieta Alejandra.

ESCENARIO

Ocupando su mayor parte, diseño de mar con juego de olas.

Delante de la totalidad del lateral izquierdo, playa.

En los términos de él, hermosos árboles y plantas.

Delante de la totalidad del lateral derecho, playa.

En los términos de él, paisaje urbano.

Accesos a ambas playas, por cualquier lugar de sus límites.

Demás cosas que exija la acción.

ACTO ÚNICO

(Se alza lentamente el telón mientras se escucha "El mar y tú que me habéis hecho soñar..." en la voz de Jorge Sepúlveda. Se percibe, sin verse las playas, la inmensidad del mar. Cesa la canción. SILENCIO. Se oye fuerte el sonido de las olas. Va decreciendo. SILENCIO. CORO DE OLAS sólo está compuesto por voces femeninas.)

CORO DE OLAS.-Nos llamamos las olas, hijas del mar inmenso. El mar que recrean pinceles en los lienzos y plumas en los folios. El mar que nunca es él en una fotografía. El mar principio de ilusiones. ¡El mar de los ahogados! Pero el mar está mudo. ¡Jamás habla! Carece de voz en su profunda amalgama de colores. La esencia del mar es el silencio. El mar, desde un principio, quiso expresarse. No podía. ¡Era el mayor fracaso en su existencia! Y nos creó a nosotras... ¡Las olas somos las palabras del mar!

(Sonido sereno de olas.)

Palabras de olas mansas que son una caricia.

(Sonido crispado de olas.)

Palabras de olas bravas que se enojan contra las duras rocas.

(Sonido alterado de olas.)

¡Palabras de olas desquiciadas en una tempestad!

(SILENCIO.)

¡Vive tan solo el hombre! Precisa confiarnos sus secretos. No es necesario que sus labios se muevan ni que les respondamos. Complicidad de humanos con las olas. ¡Venid! Os esperamos. ¡El coro de las olas nunca duerme para haceros soñar!

(Se ilumina la playa derecha. Mañana de un triste día de invierno. Esta vacía. SILENCIO. Por el segundo término derecho entra VIEJO. Setenta y cinco años. Alto, delgado, distinguido. Serio y soñador. Traje, abrigo y bufanda. Se apoya en un bastón. Camina, lento y dificultoso, hasta el centro de la orilla del mar.)

VIEJO.-¡Qué fascinante es el mar! ¡Cuánta belleza en sus olas! Si pudiese dialogar con ellas...

CORO DE OLAS.-Buenos días.

VIEJO.-No tanto en este invierno... ¿¿Eh?? Mi cabeza desvaría. ¡Estoy hablando solo!

CORO DE OLAS.-Conversas con las olas, tus amigas.

(Simula extenderles la mano.)

VIEJO.-¡Oh! ¿Cómo estáis? ¡Encantado de saludaros!

CORO DE OLAS.-¡Ha sido un placer! ¿Te ocurre algo?

VIEJO.-Me encuentro tan viejo y sin fuerzas... ¡Asusto a los niños!

CORO DE OLAS.-Mírate en el espejo del mar que guarda vuestras ansias en su fondo.

(Tira el bastón y salta.)

VIEJO.-¡Soy joven! ¡Idéntico que mi fotografía en las aguas del mar! ¡La vida me sonríe! ¡El mundo es mío!

CORO DE OLAS.-¡Eres su propietario! No lo vendas...

(Coge el bastón y se torna triste. PAUSA.)

VIEJO.-Mi esposa falleció después de muchos años juntos. Era un gran pianista y creaba hermosas sinfonías. Murió mi vocación. Me encuentro prisionero en esta playa. Carezco de ilusiones...

CORO DE OLAS.-¡Están dentro de ti! ¡Desean salir de la cárcel de tu ser!

VIEJO.-Volveré a veros cada día.

CORO DE OLAS.-Aquí tienes tu casa.

VIEJO.-¡Convertiré mis sueños en realidad como el retrato que me hizo el mar!

(Camina dificultoso hasta el centro del lateral y hace mutis por este término. Las oscuridad impide ver esta playa. Se ilumina la playa izquierda. Mañana de un alegre día de verano. Está vacía. SILENCIO. Por el segundo término izquierdo entra MUJER. Cuarenta años. Estatura normal, guapa, elegante. Seria y soñadora. Muy juvenil. Blusa sin mangas y falda corta. Ligera de movimientos. Camina, optimista y decidida, hasta el centro de la orilla del mar.)

CORO DE OLAS.-Bienvenida.

MUJER.-Es un honor comunicarme con vosotras. Pero... Las olas no hablan. ¡No me dirijáis jamás la palabra!

CORO DE OLAS.-¿Has perdido la razón?

(Les da la espalda.)

MUJER.-¡Estáis totalmente chifladas!

CORO DE OLAS.-Somos tan cuerdas como tú...

(Se vuelve y mueve sus mejillas simulando besos.)

MUJER.-¡Mis queridas amigas!

CORO DE OLAS.-¡Qué alegría tan grande!

MUJER.-Desearía contaros...

(Se acicala coqueta.)

CORO DE OLAS.-Quieta... ¡Un instante!

(Posa exagerada ante el mar. PAUSA. Gran destello de flash.)

CORO DE OLAS.-¡Perfecto!

MUJER.-Tengo cuarenta años y he alcanzado todo... Después... La realidad es otra. Dos desconocidos por caminos distintos que sólo se saludan cortésmente. Acabé encarcelada en esta playa. Si el amor renaciese como un sueño inventado...

CORO DE OLAS.-El mar guarda, en su hondo museo, las fotos de los seres que anhelan verse libres.

MUJER.-Vendré a charlar con vosotras cada día. Si os dignáis recibirme...

CORO DE OLAS.-Siempre estamos aquí. No tenemos vacaciones. Esta es nuestra tarjeta de visita.

(La simula coger.)

MUJER.-Muy amables. La ilusión nos acecha en cualquier esquina. Es inútil buscarla entre sus luces. ¡Ella se posa siempre en nuestras sombras!

(Camina decidida hasta el centro del lateral y hace mutis por este término. Las oscuridad impide ver esta playa.)

CORO DE OLAS.-Hasta los mudos se entienden, por señas, con nosotras. Nadie nos habla, ni nunca respondemos. Son ellos los que labran su futuro. Las olas, hijas del mar, sólo somos una sonrisa en la esperanza.

(Luz en las dos playas. La de la izquierda nos muestra el alegre amanecer de una mañana soleada de verano y la de la derecha el inicio de la tarde de un día triste de invierno. Ruido sereno de las olas. UN MOMENTO. SILENCIO. Por el segundo término izquierdo entra ilusionado VIEJO. Se apoya en el bastón y viste como antes. Al mismo tiempo que por el segundo término derecho entra ilusionada MUJER. No se ven y van hasta las orillas de sus playas. A las olas.)

VIEJO.-¿Cómo estáis?

MUJER.-¿Os acordáis de mí?

(SILENCIO.)

VIEJO.-¡¡Hablad!! ¡¡Contestad!! ¡¡Os lo suplico!!

MUJER.-¡¡No permanezcáis calladas!! ¡¡Por favor!! ¡¡Acompañadme!!

VIEJO y MUJER.-¡¡Decidme que estáis vivas para mí!!

(PAUSA.)

VIEJO.-Mi delirio inventó aquellas dulces voces.

MUJER.-La mente imaginó una conversación inexistente.

(Miran al horizonte.)

VIEJO.-Acaso existan mundos desconocidos lejos de nuestra vista. La felicidad no sabe de puntos cardinales ni estudió astronomía en un colegio. La Tierra es grande y cabe en la palma de la mano.

MUJER.-Puede que hayan más playas que la mía. Muy remotas y siempre a nuestro lado. Los sueños crean mundos para hallar la esperanza. No hay distancias y la dicha no cuenta los kilómetros.

(Sacan, al unísono, unos prismáticos y miran. UN MOMENTO.)

VIEJO.-Parece...

MUJER.-Veo...

(Guardan malhumorados, y al unísono, los prismáticos.)

VIEJO.-Nada.

MUJER.¡Un horizonte muerto!

(Hacen mutis al unísono. VIEJO por el segundo término derecho y MUJER por el segundo término izquierdo. Ruido sereno de las olas. UN MOMENTO. SILENCIO.)

CORO DE OLAS.-¡Cada mundo interior modela su futuro! La ficción es siempre la respuesta. Subid a su escenario e interpretad el papel que escribisteis para una vida que pide darle aliento.

(Por el segundo término izquierdo entra feliz MUJER.)

MUJER.-¡He descubierto la más hermosa de las playas!

(Mutis por el centro del término izquierdo. Por el segundo término derecho entra feliz VIEJO.)

VIEJO.-¡Ha nacido una playa en mi otra orilla!

(Mutis por el centro del término derecho. Por el centro del término izquierdo entra MUJER y va al centro de la orilla.)

MUJER.-¡Está ahí! ¡Me pertenece!

(Por el centro del término derecho entra VIEJO y va al centro de la orilla.)

VIEJO.-¡¡Eh!! ¡¡Usted!! ¿¿Quién es?? ¿¿Qué hace en mi playa??

MUJER.-¡¡La playa es mía!! ¡¡Le estoy hablando a usted!! ¡¡No puede estar en ella!!

VIEJO.-¡¡La playa es el reflejo de mi sueño!!

MUJER.-¡¡Márchese de lo que mi imaginación ha creado!!

(Ruido fuerte de las olas. UN MOMENTO. SILENCIO. Le echan un sobre al mar.)

VIEJO.-Entregadle esta carta sin palabras.

MUJER.-Vuestras plumas escribirán esta misiva en blanco.

(PAUSA.)

VIEJO.-Nadan los pensamientos sobre las olas.

MUJER.-Se aproxima el cartero del mar.

(Se agachan y extienden sus manos.)

MUJER.-¡Se acerca!

VIEJO.-¡Ven!

(Cogen el sobre y se incorporan.)

MUJER y VIEJO.-¡Ha llegado!

(Abren el sobre, cogen la carta y se abstraen en su lectura.)

CORO DE OLAS.-¿Me escucha bien desde la inmensa lejanía del mar? ¡Fuera de mi ilusión! ¡Márchese de mi esperanza! ¡¡La playa es mía!!

(Guardan enojados las cartas en sus sobres.)

VIEJO.-¡Conmigo no se juega!

MUJER.-¡Va usted a saber...!

(Ruido tempestuoso de las olas. UN MOMENTO. SILENCIO. Arrojan los sobres al mar.)

VIEJO.-Mi respuesta navega entre las olas.

MUJER.-La carta va llegando igual que un barco de papel.

(Se agachan y extienden sus manos.)

VIEJO.-Sigue...

MUJER.-Un poco más...

(Cogen el sobre y se incorporan.)

VIEJO y MUJER.-¡Al fin!

(Abren el sobre, cogen la carta y se abstraen en su lectura.)

CORO DE OLAS.-¡¡Nunca!!

(Tiran enojados los papeles al mar. Emplearán la mímica. Cada uno intenta persuadir al otro para que abandone la playa. PAUSA. Cada personaje le responde al otro de que la playa le pertenece. PAUSA. Se muestran agresivos. PAUSA. Cogen piedras en la orilla del mar. Las lanzan muy fuertes contra el supuesto enemigo, pero caen en el mar mientras se oyen sus ruidos. Le arroja una.)

VIEJO.-¡¡Aléjese!!

(Le arroja una.)

MUJER.-¡¡Váyase!!

(Le arroja otra.)

VIEJO.-¡¡Huya de mi vida interior!!

(Le arroja otra.)

MUJER.-¡¡Quiero ser libre en la ficción y anclar en ella!!

(Arrojan sin interrupción, y fuertemente, varias. Ruidos del mar.)

VIEJO.-¡¡Desaparezca!!

MUJER.-¡¡Sobra en mi sitio!!

VIEJO.-¡¡Invasora!!

MUJER.-¡¡Intruso!!

(Se tornan tristes y dejan caer las piedras restantes en sus playas. PAUSA.)

VIEJO.-Títeres somos en manos del destino.

MUJER.-¡Mudos muñecos cautivos de las olas!

(VIEJO hace mutis por el segundo término izquierdo de su playa al mismo tiempo que MUJER hace mutis por el segundo término derecho de la suya. SILENCIO. Estas voces se escucharán en la playa de cada personaje.)

VOZ MUJER.-Enfrente está mi playa.

VOZ VIEJO.-La playa es ahora mi horizonte.

(Baja la luz.)

VOZ MUJER.-Apenas la percibo.

VOZ VIEJO.-Mi playa agoniza entra las sombras.

(Baja considerablemente la luz.)

VOZ MUJER.-Sepultamos futuros.

VOZ VIEJO.-En nuestros brazos fallecen mundos inventados.

(La escena en penumbra.)

VOCES MUJER y VIEJO.-¡¡La esperanza sólo es un manjar que los buitres devoran!!

(OSCURO. Luz en el mar y en las dos playas como antes. VIEJO y MUJER están en el centro de sus respectivas orillas. Miran al frente y se inhiben. PAUSA.)

VIEJO.-Hola.

(MUJER no escucha.)

MUJER.-Hola.

(VIEJO no escucha.)

VIEJO.-No oye.

MUJER.-No habla.

VIEJO.-¡Hola!

(MUJER no escucha.)

MUJER.-¡Hola!

(VIEJO no escucha.)

VIEJO.-¿Estará ahí?

MUJER.-¿Sufro alucinaciones?

(Pone sus manos en la boca.)

VIEJO.-¡¡Hola!!

(Retira sus manos. MUJER no escucha y pone sus manos en la boca.)

MUJER.-¡¡Hola!!

(Retira sus manos y VIEJO no escucha. Se tornan derrotados. PAUSA. Ruido sereno de las olas.)

CORO DE OLAS.-Hola.

(Alegría en los personajes. Cesa el ruido de las olas.)

VIEJO.-Buenas tardes, señorita.

MUJER.-Buenos días, señor.

VIEJO y MUJER.-¿¿Oigo bien...??

MUJER.-Donde vivo acaba de salir el Sol.

VIEJO.-Aquí no tardará en ponerse.

MUJER y VIEJO.-¿¿Es posible??

VIEJO.-Cuánta tristeza hay en este invierno.

MUJER.-Me invade de alegría este verano.

VIEJO y MUJER.-¡¡Qué gran contradicción!!

MUJER.-Con lo hermoso que es vivir un día soleado.

VIEJO.-¡Por favor! Llueve y también siento frío.

MUJER y VIEJO.-¡¡Su mente no está sana!!

(Meten sus manos en el mar.)

MUJER.-Ideal el agua para bañarse hoy.

(Las retiran.)

VIEJO.-¿Cómo se le ocurre decir eso...? ¡Sería insensato mojarse en este hielo!

MUJER y VIEJO.-¡¡Vivimos en mundos diferentes!!

VIEJO.-Ambos desvariamos.

MUJER.-Los dos somos muy razonables.

VIEJO y MUJER.-¡¡Cada ser crea la verdad con su única lógica!!

(Se miran. PAUSA.)

VIEJO.-Pensábamos que todo se acababa sin una nueva orilla.

MUJER.-Soñábamos horizontes donde los barcos se ahogaban al traspasar el límite.

VIEJO.-La playa de la esperanza descubrimos y temíamos que su habitante nos la hurtase.

MUJER.-Cuando ahora hablamos y las olas transportan nuestras voces.

VIEJO.-¿Somos la realidad o tan sólo ficción?

MUJER.-Los humanos proceden del escenario de un teatro.

(PAUSA. Entregados.)

VIEJO.-Vivir es perecer en la celda de nuestra propia playa.

MUJER.-Las olas nos hablan como prisioneros condenados a muerte.

(Saltan por toda su playa correspondiente e intentan huir.)

VIEJO.-¡¡Quiero escapar de esta cárcel que me oprime!!

MUJER.-¡¡Huir!! ¡¡Abandonar este presidio!!

VIEJO.-¿¿Tal vez la libertad esté en esta puerta inexistente?? ¡¡He perdido sus llaves!!

MUJER.-¡¡Todo es silencio!! ¡¡Vivimos un anticipo de la nada!!

(Van a las orillas de sus playas.)

VIEJO.-La solución se inicia en cada orilla...

MUJER.-¡Comenzar el dulce sueño de no ser!

(Se disponen a introducirse en el mar.)

VIEJO.-¡¡Un inocente reo se convierte en verdugo de sí mismo!!

MUJER.-¡¡Caminaré, sin culpa, hasta el cruel patíbulo!!

VIEJO y MUJER.-¡¡Ahora!!

(Se oye muy fuerte el ruido de las olas y retroceden.)

VIEJO.-¡Las olas nos persiguen!

(Crece el ruido.)

MUJER.-¡¡Las olas acuden a matarnos!!

(Aumenta el ruido. Despavoridos.)

VIEJO y MUJER.-¡¡Socorro!!

(Corren hasta el centro del lateral de sus respetivas playas. Ruido sereno de las olas. Se miran sonrientes y quitan sus zapatos. Cesa el ruido. Se dirigen, sigilosos y de puntillas y con sus zapatos en las manos, hasta el centro de las orillas de sus playas.)

VIEJO.-¡¡Suerte!!

MUJER.-¡¡Igualmente!!

VIEJO.-¡¡Muchísimas gracias!!

MUJER.-¡¡Es usted muy galante!!

VIEJO.-¡¡Mi más sincera despedida!!

MUJER.-¡¡Feliz viaje!!

(Miran al mar y se santiguan. Van adentrándose en él.)

CORO DE OLAS.-¿Pretendéis aniquilaros en el mar?

MUJER.-Sólo es un juego.

VIEJO.-Y tan divertido...

(El agua les cubre hasta la cintura y van alzando los zapatos. Siguen)

CORO DE OLAS.-¡¡No podéis destruiros!!

MUJER.-Qué exageradas...

VIEJO.-Nos vamos de excursión.

CORO DE OLAS.-¡¡Deteneos!!

MUJER.-Me disgustaría mojar los zapatos.

VIEJO.-Después se deterioran.

CORO DE OLAS.-¡¡Insensatos!!

(El mar llega al cuello de los personajes y alzan más sus zapatos. Se paran. Sólo se ven sus cabezas.)

MUJER.-¡¡Ja, ja, ja!! ¡¡Estamos con el agua hasta el cuello!!

VIEJO.-¡¡Ja, ja, ja!! ¡¡Aguardamos la guillotina del mar!!

CORO DE OLAS.-¡¡Retroceded!!

(Caminan hacia atrás. Están mojados.)

MUJER.-Las olas nos condenan a seguir viviendo.

VIEJO.-Para una vez que tengo un pequeño capricho...

CORO DE OLAS.-¡¡Más!!

MUJER.-Ya vemos otra vez nuestra prisión.

VIEJO.-¡El mar puso barrotes en la diaria angustia!

CORO DE OLAS.-¡¡Falta menos!!

MUJER.-Soportar la existencia aunque no guste.

VIEJO.-Las olas, no lo dude, hacen siempre la respiración artificial a los ahogados.

CORO DE OLAS.-¡¡Vosotros os salvasteis!!

(Crece el día soleado en la playa izquierda y el crepúsculo hace su aparición en la de la derecha. Se miran desde sus orillas.)

VIEJO.-Pienso si mi imaginación creó a usted y la suya a mí.

MUJER.-¡Todos inventamos el personaje con el que dialogamos!

(Mutis, con los zapatos en sus manos, de VIEJO por el segundo término derecho de su playa al mismo tiempo que MUJER lo hace por el segundo término izquierdo de la suya. Ruido sereno de las olas. UN MOMENTO. SILENCIO.)

CORO DE OLAS.-Al final de todo túnel se haya la luz que la ilusión esculpe. Cada día amanece porque el sueño despierta entre las sombras. Amar puede salvar a un mundo destruido. ¡Y vosotros venced al caos con la palabra amor!

(VIEJO entra por el centro del lateral derecho de su playa al mismo tiempo que MUJER lo hace por el centro del lateral izquierdo de la suya. Pusieron los zapatos y sus ropas están secas. Se dirigen a sus respectivas orillas. Se miran. PAUSA.)

VIEJO.-Siempre solo en esta misma playa.

MUJER.-¡No me hable de ello! Esta soledad es un infierno.

VIEJO.-Algún día romperemos las cadenas.

MUJER.-No creo que ese día venga en ningún calendario.

VIEJO.-Lo veremos nacer en nuestras mentes.

MUJER.-Es mucho tiempo aguardando ese momento.

VIEJO.-También yo me desespero en este andén sin trenes que no llegan.

MUJER.-Aguardo en el puerto los barcos que se hunden.

VIEJO.-La esperanza está muerta.

MUJER.-¡La esperanza no existe!

(PAUSA.)

VIEJO.-Estamos los dos solos...

MUJER.-Sí...

VIEJO.-Vivimos muy distantes.

MUJER.-Imposible más lejos.

VIEJO.-Pero tan cerca con sonidos de voces.

MUJER.-Las olas nos dejaron sus palabras.

(PAUSA.)

VIEJO.-A su lado me olvido de estar solo.

MUJER.-Con su presencia me siento acompañada.

VIEJO.-Llegaré a mi orilla y disfrutaremos de poder conversar.

MUJER.-Me acercaré a la mía y siempre charlaremos.

(Le extiende la mano.)

VIEJO.-Me llamo... Es lo mismo.

(Le extiende la mano.)

MUJER.-El nombre carece de importancia.

(Las accionan.)

VIEJO.-Mucho gusto.

MUJER.-Encantada.

(Dejan caer, al unísono, sus manos.)

VIEJO.-Me alegro de que acudiese a la visita.

MUJER.-Ha sido un gran placer.

VIEJO.-Por favor, tome asiento. Se encuentra usted en su casa.

(Se sienta.)

MUJER.-Muy amable, caballero.

(Se sienta.)

VIEJO.-Es lo menos, señora.

MUJER.-Sus palabras me halagan.

(Se miran. PAUSA.)

VIEJO.-Pues...

MUJER.-Claro...

VIEJO.-¿Decía...?

MUJER.-No... Nada.

(PAUSA.)

VIEJO.-Goza de un tiempo excelente.

MUJER.-Observo que el invierno también tiene su encanto.

VIEJO.-Es muy duro...

MUJER.-Pronto recibirá la primavera.

VIEJO.-¿Cómo ha llegado hasta aquí?

MUJER.-No sé... Tal vez fuera mi obligada derrota. ¡Un exilio del que me siento prisionera. ¿Y usted?

VIEJO.-Yo también me siento desterrado. Intento ser feliz así y es imposible. Dispense...

MUJER.-Por favor...

VIEJO.-No tengo confianza con usted. Tampoco me gustaría ser indiscreto. Desearía saber...

MUJER.-¿Qué?

VIEJO.-Algo de su vida anterior. Siempre, ya me entiende, que a usted...

MUJER.-Mi vida es sencilla. No tengo nada que ocultar. Crecí con una infancia dolorosa. ¡Aquello marcó el resto de mis días!

VIEJO.-¿Le causó un trauma?

MUJER.-Sí. Intentaba ocultarlo, pero siempre emergía. Tenía que sepultarlo para siempre. ¡Olvidarme de él! Lo había logrado. Todo fue con mi tenacidad y esfuerzo. Conseguí llegar lejos, muy lejos. ¡Había triunfado!

VIEJO.-Enhorabuena.

MUJER.-Gracias. No crea que era dichosa así. Sólo era una venda para ocultar la herida. Me faltaba algo, me sentía vacía. Soñaba que en mi interior brotase un mundo nuevo.

VIEJO.-¿Lo consiguió?

MUJER.-Creía que el amor llamaba a mi puerta, que él me daría la paz. ¡La dicha que anhelaba! El aparece y es un cuerpo sin formas. Empleé la imaginación para idealizarlo. Llegué a sentirme feliz. ¡Estaba enamorada! Qué pronto la ilusión se desvanece...

VIEJO.-¿Acaso él?

MUJER.-No. Volvieron los fantasmas del pasado. La realidad no sabe de los sueños. ¡Había dejado de ser feliz! El amor murió o tal vez nunca haya nacido.

VIEJO.-Es difícil enfrentarse a la muerte de un corazón roto.

MUJER.-Había que seguir viviendo. El afecto se muestra de muchas formas. Hacer el bien es el valor supremo. Así voy dejando mis días en una existencia en la que tengo todo entre mis manos, pero estoy prisionera y desangelada en esta playa por no llenar el vacío que deja el desamor y mata la esperanza. Tener lo material es una meta incompleta. Amar y ser amada constituye participar en el equilibrio de todo lo creado. ¡Tener la sonrisa y el canto de un pájaro en el pecho!

VIEJO.-Aún es usted muy joven...

MUJER.-El corazón envejece sin amar hasta olvidarse de sus latidos.

VIEJO.-¡Viva! ¡Disfrute de la vida! ¡No puede desperdiciar días que no retornan!

MUJER..Me resulta imposible. El ánimo de hacerlo se extinguió en este cautiverio. Sólo las olas, mis queridas olas, han dejado mis secretos en la tumba que el mar tiene en su suelo.

VIEJO.-¿Le puedo dar el pésame?

MUJER.-¡Ja, ja, ja! Tampoco es para ponerse de luto...

VIEJO.-Era una broma. La vida también es otra de dudoso gusto.

MUJER.-Usted, y disculpe, ¿cómo ha terminado de este modo?

VIEJO.-También es una historia vulgar y carente de interés. Creemos que somos el centro de la gran tragedia y no pasamos de convertirnos en el eco de una sonrisa despiadada. Era tan feliz... Cuando poseemos la dicha, tememos perderla a cada instante como si nos robasen el más preciado de los tesoros. La apretamos tanto que siempre acabamos asfixiándola. Mi vida se destruyó sin señales de alarma.

MUJER.-¿Qué le ocurrió?

VIEJO.-También en mí la infancia dejó la huella indeleble de un trauma al que hay hacerle frente con las alas del sueño. La música ocultaba la herida en la que el dolor mostraba la felicidad. Llegué a ser un gran pianista. Mi imaginación inventaba notas, en el silencio de la nada, que se convertían en grandes sinfonías. ¡El arte me había salvado!

MUJER.-¡Maravilloso!

VIEJO.-Ella apareció en mi vida y se convirtió en mi principal fuente de inspiración. ¡Éramos tan felices! No se podía pedir más a la existencia. Dos seres que se quieren y ven como el amor aviva las llamas, cada día, hasta quemarnos con su fuerte fuego. Temía perderla. Sentíamos miedo a dejar para siempre lo divino. La música brotaba sólo con su dulce mirada. Componía, tocaba mi piano ahora de teclas que besaban mis dedos en sus blancos labios. Pero un día... Ay, la vida sólo es un juego de azar en el que es muy difícil hacer eterno lo ganado.

MUJER.-¿Qué le ocurrió?

VIEJO.-Murió.

MUJER.-¿Fue capaz a hacer eso?

VIEJO.-Sí... Era la primera vez que me dejaba sorprendido por su comportamiento. Falleció sin darme explicaciones. Me estaba aconsejando en la creación, su voz llenaba sola el pentagrama. Y su voz se apagó para siempre y sin decirme adiós mientras todos los pianos enmudecieron.

MUJER.-¡Qué horror!

VIEJO.-Me veía solo, muy solo. Despertaron los fantasmas de la infancia. ¡La vida también había muerto para mí! Mis manos se paralizaron y no podía tocar. Las notas no visitaban mis oídos. Me sumergí en la más absoluta desesperación. ¿Qué iba a hacer? No lo sabía. Encogerse de hombros ante el infortunio. Me vi prisionero y solo en esta playa. Mi esperanza, siempre un espejismo de la insatisfacción, había desaparecido. ¡Sólo me quedaba el diálogo con las olas! Mi único monólogo para seguir viviendo sin ninguna ilusión.

MUJER,.Usted tiene talento. ¡No puede entregarse de esa manera! Luche, huya de esta playa en la que moramos como si fuese el corredor de la humillante muerte. Todo tiene solución. Volverá la música a sus manos y una mujer las acariciará para darles nueva vida.

VIEJO.-Ya es tarde.

MUJER.-¡Nunca lo es!

VIEJO.-Tengo muchos años. La vida es el trabajo de los días que van cavando nuestra sepultura. Sólo el silencio, del que no se despierta, nos libera de arrastrar el ser atormentado. ¡Todo muere cuando en el horizonte se eclipsa la esperanza!

MUJER.-Acudiré a su entierro con una pandereta. Tocaré muy bajito para no desvelarle.

VIEJO.-¡Ja, ja, ja! Qué respuesta al absurdo... ¡Lamentarse no cura el mal que interpretamos!

(Se levanta.)

MUJER.-¿Qué importa el escenario de nuestra tragedia? El texto es el mismo para todos.

(Se levanta.)

VIEJO.-He gozado, señora, de su grata compañía.

MUJER.-Lo mismo digo, señor. Su conversación ha sido muy amena.

VIEJO.-¿Volveremos a vernos?

MUJER.-No sé. Hay tantos náufragos prisioneros de ellos mismos.

(Simula besarle la mano que le extiende.)

VIEJO.-A sus pies, señora.

MUJER.-Ha sido una alegría que nos haya presentado el infortunio.

VIEJO.-Buenas noches.

MUJER.-Feliz día.

(VIEJO hace mutis por el centro del lateral derecho de su playa al mismo tiempo que MUJER hace mutis por el centro del lateral izquierdo de la suya. SILENCIO. Ruido sereno de las olas. UN MOMENTO. SILENCIO.)

CORO DE OLAS.-El hombre inventa olas en un lienzo e ignora que puede ahogarse en ellas. Vuelve a nosotras para escuchar las palabras del mar que también ha pintado. La contestación sólo existe en sus pinceles. Las olas esperamos.

(MUJER entra por el segundo término izquierdo de su playa y va hasta el centro de la orilla al mismo tiempo, y al unísono sin verse, que VIEJO entra por el segundo término derecho de su playa y va hasta el centro de la orilla.)

MUJER.-Una vez, queridas olas, encontré un ser con el que hablé.

VIEJO.-Hace tiempo conversé con otra persona muy lejos de mi eterno presidio.

CORO DE OLAS.-Lo ignorábamos...

MUJER.-Me gustaría tanto verle desde aquí nuevamente.

VIEJO.-Lo que deseo volver a charlar como aquel día.

CORO DE OLAS.-¿Pensaste que es una invención para huir de la soledad que te carcome?

MUJER.-¡Existe!

VIEJO.-¡Vive!

VOCES DE OLAS.-¿Como tú...?

MUJER y VIEJO.-¡¡Naturalmente!!

VOCES DE OLAS.-La vida la crea cada uno.

(Amenazantes.)

VIEJO.-¡¡Estoy por destrozaros del cuadro en que os plasmé!!

MUJER.-¡¡Voy a anular lo que hice realidad con mis pinceles!!

(Se escucha muy fuerte el ruido de las olas y los personajes se tornan confusos. El ruido va decreciendo hasta dejar de oírse. Se muestran lúcidos. Bajan, al unísono, sus cabezas y ahora se ven. PAUSA.)

VIEJO.-Usted...

MUJER.-Cuánto tiempo...

(PAUSA.)

VIEJO.-La esperaba.

MUJER.-Yo miraba al mar a todas horas para verle.

VIEJO.-Ya estamos el uno frente al otro.

MUJER.-Aunque nos separe una distancia inmensa.

VIEJO.-Nuestras voces están próximas.

MUJER.-Y la comunicación nos convierte en humanos.

(PAUSA.)

VIEJO.-Me apetecía...

MUJER.-¿Qué...?

VIEJO.-La verdad... No me atrevo.

MUJER.-¡Pretende...!

VIEJO.-Oh, no. Podríamos celebrar este encuentro...

MUJER.-¿Cómo?

VIEJO.-Bailando. ¿Le apetece?

MUJER.-¿La orquesta interpretaría aquí...?

VIEJO.-¡"El vals de las olas"!

MUJER.-¡Lo adecuado!

(Suena muy fuerte "El vals de las olas" de Strauss y las olas del mar siguen el ritmo. VIEJO deja el bastón. MUJER saca un abanico del bolsillo y se da aire. Los personajes están ajenos el uno del otro. UN MOMENTO. Baja la música y las olas coincidirán con su compás. Para ellos.)

VIEJO.-Está el baile muy animado.

MUJER.-¡Me sofoco!

VIEJO.-Todas guapísimas.

MUJER.-Tan atractivos...

VIEJO.-¿Cuál elegiré?

MUJER.-¿Quién se acercará?

(La observa.)

VIEJO.-¡Me gusta!

(Vuelve un poco la cabeza.)

MUJER.-¡Cómo me mira! Si se decidiese...

VIEJO.-Me siento inhibido.

MUJER.-¿Le gustará otra?

VIEJO.-La voy a perder...

MUJER.-Ay, si se animase.

(La mira fijamente.)

VIEJO.-¿Me aceptará?

(Le vuelve rápida la cabeza.)

MUJER.-Qué indiscreto.

VIEJO.-Me rechaza.

MUJER.-Que venza su indecisión.

(Dialogarán.)

VIEJO.-Señorita...

MUJER.-Caballero...

VIEJO.-¿Tiene el honor de concederme este vals?

MUJER.-Estoy tan cansada... Pero sus deseos...

(Guarda el abanico.)

VIEJO.-¿Bailamos?

MUJER.-¡Bailemos!

(VIEJO baila sólo por su playa como si la llevase agarrada por la cintura y MUJER, bailando igualmente sola por la playa, se deja llevar. La música se escucha muy fuerte y las olas la acompañan. Sonríen felices. UN MOMENTO. Baja la música y el movimiento de las olas. PAUSA.)

VIEJO.-La veo tan apetecible...

MUJER.-¿Se insinúa...?

(Simula apretarla y llevarla hacia él.)

VIEJO.-¡Me fascina esta música!

(Se aparta discreta.)

MUJER.-¡Señor!

(Se aparta.)

VIEJO.-No piense...

MUJER.-Los hombres...

(Se escucha muy fuerte la música y las olas la acompañan. Los personajes bailan, como al principio, muy rápidos y por la totalidad de cada una de sus playas. UN MOMENTO. Voz alta.)

VIEJO.-¡¡Qué bello es el vals!!

(Va bajando la música y las olas lo hacen igualmente. Bailan en el centro de cada playa. Voces normales.)

MUJER.-¡Embriaga!

(Cesa la música y el seguimiento de las olas. Simulan separarse. Vuelven a sus orillas.)

VIEJO.-Muchas gracias, señorita.

MUJER.-Muy amable, caballero.

(Se vuelve y va a marcharse.)

VIEJO.-¿Se va?

(Vuelve a la orilla.)

MUJER.-No...

(Coge el bastón.)

VIEJO.-Actuamos como dos desconocidos y nos hemos soñado toda la vida.

MUJER.-¿Usted cree...?

VIEJO.-¿Le parece bien que nos tuteemos?

MUJER.-Si usted lo prefiere...

(Se miran. PAUSA.)

VIEJO.-Eres... hermosa.

MUJER.-No sabía.

VIEJO.-Te llevo tantos años...

MUJER.-¿Tú...? ¡Un otoñal que porta la primavera dentro!

(Tira el bastón y deja de encorvarse.)

VIEJO.-¡¡Has enterrado mis años para siempre!! ¡¡He vuelto a ser joven como tú!!

MUJER.-Y los dos, en nuestro interior, también somos iguales.

(VIEJO pone la rodilla derecha en la arena y las dos manos en el corazón mientras MUJER se torna extasiada y cruza sus manos en el pecho.)

VIEJO.-Estaba solo y la ilusión eran cenizas en las palmas de mis manos. Conversaba con las olas o yo inventaba sus respuestas. El mar ocultaba el horizonte y surgiste en él como una estrella. La soledad desaparecía y era ocupada por la palabra amor.

MUJER.-¡¡Oh!!

VIEJO.-¿Puedo tener alguna esperanza?

(MUJER deja caer sus manos y se vuelve.)

MUJER.-¡¡No!!

(Retira las manos de su corazón y se levanta.)

VIEJO.-¿Te visita algún nadador?

(Se vuelve.)

MUJER.-¡Cómo...! Estoy celosa. Tendrás tantas en diversas playas...

(Se miran. PAUSA.)

VIEJO.-¡¡Mi amor!!

MUJER.-¡¡Cariño!!

(VIEJO simula abrazarla con todas sus fueras y MUJER simula entregarse en sus brazos. UN MOMENTO. Dejan caer sus brazos.)

VIEJO.-Tus labios...

MUJER.-Son tuyos.

(Sereno ruido de las olas. Los personajes simulan coger agua del mar entre sus manos. Se miran. Cesa el ruido. Besan el agua imaginaria. Se escucha un fuerte y prolongado beso. UN MOMENTO. Dejan caer sus manos. Se tornan felices. PAUSA.)

VIEJO.-Tengo una sorpresa para ti.

MUJER.-Yo también guardo otra.

(Ruido sereno de las olas. Los personajes llevan, al unísono, una mano a un bolsillo y la sacan con el puño cerrado. Lo muestran.)

VIEJO.-¡Aquí está!

MUJER.-¡Se oculta en la palma de mi mano!

CORO DE OLAS.-No os demoréis, amigos.

(Se agachan.)

MUJER.-Las olas tienen prisa.

VIEJO.-¡El mar llevará nuestro sueño entre sus aguas!

(VIEJO y MUJER, al unísono, introducen sus puños en el mar.)

CORO DE OLAS.-¡Soltad lo que queréis que arribe!

VIEJO.-Haced que llegue a su destinataria.

MUJER.-Entregadlo a la puerta de su dueño.

CORO DE OLAS.-Las palabras del mar son mensajeras.

(Abren el puño y se incorporan. Accionan.)

VIEJO.-¡¡Adiós!!

MUJER.-¡¡Iniciad la travesía!!

(Se miran ilusionados.)

VIEJO.-Cada nave navega hacia su puerto.

MUJER.-Y en él va serena la esperanza.

(Se oye muy fuerte el ruido de las olas. Alzan sus voces.)

VIEJO.-¡¡No!! ¡¡Una tempestad!! ¡¡Nuestros anhelos mueren!!

MUJER.-¡¡Las olas se enfurecen como si hubiesen perdido la razón!!

VIEJO.-¡¡Las olas nos muestran sus feroces dientes!!

MUJER.-¡¡A los seres y a barcos los devoran!!

(Se miran impacientes. PAUSA.)

VIEJO.-¡¡Hablad, olas!! ¡¡Hablad!!

MUJER.-¡¡Escuchad, olas, la desesperación en nuestros gritos!!

CORO DE OLAS.-¡¡Las olas somos atacadas y nos transformamos así como defensa!!

MUJER.-¿¿Os hieren fieramente??

VIEJO.-¿¿Quién se atreve a agrediros??

CORO DE OLAS.-¡¡El viento!! ¡¡Todos los elementos!! ¡¡Al mar echan su ira!!

MUJER.-¡¡Tranquilizaos!!

VIEJO.-¡¡No debéis alteraros!!

CORO DE OLAS.-¡¡Las olas han perdido la esperanza!! ¡¡Las olas no pueden sobrevivir en esta lucha!! ¡¡Ay!! ¡¡También las olas moriremos ahogadas en el mar!!

MUJER.-¿¿Llegará lo que os entregué en vuestra orilla??

VIEJO.-¿¿Recibiré lo que mi amor os confió como un tesoro??

CORO DE OLAS.-¡¡Somos incapaces de poder responderos!! ¡¡La tempestad es grande!! ¡¡Las olas proseguimos enfermas!! ¡¡Sólo, en este estado, sabemos hacer llegar cadáveres a playas!!

(Se miran tristes. PAUSA.)

VIEJO.-Nuestro amor naufraga en esta tempestad.

MUJER.-¡Y vemos el esqueleto de la gran ilusión en la otra orilla!

(PAUSA. Ilusionados.)

VIEJO.-Nuestros ojos coinciden y se funden en un bello sueño al margen de los gritos de las olas.

MUJER.-También los dos somos dulces palabras. ¡Tu amor y el mío inventarán la calma!

(Va bajando paulatinamente el ruido de las olas.)

VIEJO.-¿Observas? ¿Lo percibes?

MUJER.-¡Una pareja ha obrado el gran milagro!

(Ruido sereno de las olas.)

VIEJO.-Se ha convertido la tempestad en una sinfonía.

MUJER.-Sólo se escucha el concierto del agua.

(Cesa el ruido de las olas. PAUSA.)

VIEJO.-Las olas nos dijeron que el mar trae lo soñado.

MUJER.-Y ambos, cariño, coincidimos en idéntico sueño.

(Se escucha sereno el ruido de las olas. Se miran.)

VIEJO.-¡Las olas llaman a nuestras puertas!

MUJER.-¡Las palabras del mar jamás nos abandonan!

(Cesa el ruido de las olas.)

CORO DE OLAS.-En el mar se alojaron vuestras ansias y ellas cristalizaron nuestras voces.

MUJER.-¿¿Tendremos lo enviado en nuestras manos??

VIEJO.-¿¿Se cumplirán así nuestros deseos??

CORO DE OLAS.-La tempestad fue férrea... Mas el deseo modela realidades.

(Se agachan, al unísono, ante la orilla.)

VIEJO.-Parece...

MUJER.-Percibo...

VIEJO y MUJER.-¡¡Sí!!

VIEJO.-Algo camina ahora hacia esta playa.

MUJER.-Una cosa pretende llegar hasta mi orilla.

VIEJO.-¡¡La veo!!

MUJER.-¡¡Está ahí!!

CORO DE OLAS.-¡No dejéis naufragar lo que a vosotros vuela!

(Extienden sus manos hacia el agua.)

VIEJO.-¡¡Oh!!

MUJER.-¡¡Ha llegado!!

(Cogen, cada uno, una alianza de oro.)

VIEJO.-¡Es preciosa!

MUJER.-¡Divina!

(Se incorporan y las muestran entre ellos.)

VIEJO.-¡La alianza de compromiso!

MUJER.-¡El anillo que morirá conmigo!

(Se escucha el trino de los pájaros.)

VIEJO.-¡Fíjate! Los pájaros llevan en sus picos alianzas de los que aman lejos.

MUJER.-Y ellos extienden sus manos para que queden en sus dedos como un trino.

(Deja de oírse el trino de los pájaros.)

(Van, al unísono, a poner las alianzas en sus dedos anulares derechos. Se paran y quedan con sus manos derechas extendidas y las izquierdas próximas a los anulares. Se miran serios. PAUSA. Ruido sereno de las olas. UN MOMENTO. SILENCIO.)

CORO DE OLAS.-Mujer: ¿Quieres comprometerte a tu hombre soñado con esta alianza que te pondrán las olas?

MUJER.-¡Sí, quiero!

(La pone y su mano izquierda permanece junto al anular derecho.)

CORO DE OLAS.-Hombre: ¿Quieres comprometerte a tu mujer soñada con esta alianza que te pondrán las olas?

VIEJO.-¡Sí, quiero!

(La pone y su mano izquierda permanece junto al anular derecho. SILENCIO. Dejan, al unísono, caer su brazo izquierdo. Contemplan felices la alianza. UN MOMENTO. La besan apasionados. UN MOMENTO. Dejan caer su brazo derecho. Se miran dichosos. PAUSA.)

VIEJO.-¡Ya estamos comprometidos mientras el mar miraba!

MUJER.-¡Las olas dejaron la alianza en nuestros dedos!

(PAUSA. La mira sonriente.)

VIEJO.-¡Me apasionas!

MUJER.-Dices unas cosas...

(Simula abrazar algo inexistente.)

VIEJO.-¡Ven a mis brazos, preciosa!

(Simula deshacerse de él.)

MUJER.-Serías capaz...

VIEJO.-¿Acaso no te gustaría tener un hijo de nuestro amor y que te hiciese compañía en tu solitaria playa?

MUJER.-Oh, sí. ¡Maravilloso! ¡Saltaría con él por esta playa toda! Nos bañaríamos juntos en el mar. Las olas le enseñarían su propio abecedario y hablaría con ellas. Pero las cigüeñas no dejan bebés en los naufragios.

VIEJO.-Me lo mostrarías diariamente. Lo educaría desde aquí.

MUJER.-Nos reprocharía, de mayor, que hubiésemos engendrado un ser en una jaula y él fuese también un prisionero.

(Se miran. PAUSA.)

VIEJO.-Vida mía...

MUJER.-¡Yo no soy como las demás! Sólo ves en mí una aventura.

VIEJO.-¡Te quiero tanto!

MUJER.-Si fuesen verdad tus palabras... Te cansarás de mí y escaparás con otra mientras nuestro hijo crecerá sin padre.

VIEJO.-¡Jamás me comportaría así!

MUJER.-¡Mentiroso!

VIEJO.-Encanto...

(Le da la espalda.)

MUJER.-¡Olvídame!

(VIEJO corre torpemente por la derecha de su playa al mismo tiempo que MUJER, que se supone escapa delante, corre por la derecha de la suya. Situaciones paralelas en cada playa.)

VIEJO.-¡¡Ven a mí!!

MUJER.-¡¡No insistas!!

(VIEJO simula que la coge en el límite del lateral derecho.)

VIEJO.-¡Al fin...!

(MUJER simula deshacerse de él, escapa y corre hacia la izquierda. La sigue.)

MUJER.-¡¡No lo conseguirás!!

VIEJO.-¡¡Serás mía!!

MUJER.-¡¡Ni en sueños!!

(VIEJO simula que la coge en el límite del lateral izquierdo.)

VIEJO.-¡Mía...!

(MUJER simula darle un empujón y él cae al suelo.)

MUJER.-¡Iluso!

(VIEJO se incorpora rápido. MUJER corre muy despacio. La sigue sin fuerzas.)

VIEJO.-Las olas nos traerán un hijo.

MUJER.-Sí...

(Los personajes se encuentran en el centro de su correspondiente playa y se miran ilusionados. PAUSA.)

VIEJO.-¡Amor mío!

MUJER.-¡Te amo!

(Simulan, desde cada playa, abrazarse y besarse fuertemente. UN MOMENTO. Fingen separarse. Se desnudan, dejando caer sus ropas en cada playa, hasta quedar en bañador.)

VIEJO.-Nuestros cuerpos se fundirán igual que nuestras almas.

MUJER.-Mientras el mar esculpe vida nueva.

(VIEJO simula dejar amorosamente en el suelo, y con los pies frente a la orilla de su playa a MUJER. Después se echa, boca abajo, en su playa y con la cabeza frente a la orilla de su playa. MUJER extiende sus brazos y abre sus piernas. VIEJO mostrará y aproximará sus manos. Permanecerán estáticos y en la situación prevalecerá siempre la elegancia y el buen gusto.)

VIEJO.-Corazón...

MUJER.-Cielo...

(Ruido sereno de las olas.)

CORO DE OLAS.-Las olas llegamos tranquilas hasta las playas...

(Crece un poco el ruido.)

Las olas aumentan su impaciencia.

(Crece más el ruido.)

Las olas se tornan vigorosas.

(Va aumentando el ruido.)

Las olas ansían besar fuerte la arena.

(El ruido es tempestuoso.)

Las olas saltan en un mar placentero. ¡Las olas se enfurecen con su fuerte dominio! ¡¡Las olas quieren inundar la Tierra con su espuma tan blanca!!

(Decrece el ruido.)

Las olas no cejan en su intento de lucha.

(El ruido es más débil.)

Las olas ahora son mansas como un gran deleite.

(El ruido es muy pequeño.)

Las... olas... son... muy... mansas... y... serenas...

VIEJO.-¡Oh...!

MUJER.-¡Ay...!

CORO DE OLAS.-Las olas hablamos con seres que aún no existen.

(Cesa el ruido de las olas. Los personajes, en cada playa correspondiente, se levantan y visten.)

VIEJO.-La vida acaba de nacer para nosotros.

MUJER.-¡Y el fruto del amor nunca es la muerte!

(Va oscureciendo en la playa derecha e iluminándose más en la de la izquierda.)

VIEJO.-En mi playa anochece.

MUJER.-Aquí estoy en plena luz del día.

VIEJO.-Si la misma luz la tuviésemos los dos en nuestros ojos.

MUJER.-Viviríamos juntos con los latidos de un único reloj.

(Terminan de vestirse. PAUSA.)

VIEJO.-¡Seremos arquitectos del tiempo en una naturaleza carente de equilibrio!

MUJER.-Es imposible igual que vencer nuestra gran lejanía.

(Van hasta sus orillas y miran abstraídos el mar. PAUSA. Ruido sereno de olas. UN MOMENTO. SILENCIO.)

VIEJO.-Os pregunto, mis queridas olas, ¿por qué sombras y luces nos son idénticas en el mismo mundo?

CORO DE OLAS.-Las olas no fueron a la escuela.

MUJER.-Decidme, olas que me escucháis, ¿al Sol le está prohibido brillar al mismo tiempo en cada espacio?

CORO DE OLAS.-Las olas no estudiaron geografía.

VIEJO.-¿Podría el tiempo caminar unido de la mano?

MUJER.-¿Cada estación haría amistad en el espacio?

VIEJO y MUJER.-¿¿Algún día conseguiremos esto??

CORO DE OLAS.-Es posible...

VIEJO.-¿¿Cómo??

MUJER.-¿¿Cuándo??

CORO DE OLAS.-No es el tiempo el que muda la luz. ¡Son los seres que apagan y encienden las lámparas de sus sentimientos!

(PAUSA. Se despreocupan del mar.)

VIEJO.-Las olas transportaron las alianzas de nuestro compromiso.

MUJER.-Los anillos nos juntaron en lo eterno.

VIEJO.-El amor fluyó de nuestros cuerpos.

MUJER.-¡Y un hijo creamos movidos por las olas!

(Simulan abrazarse y besarse fuertemente. UN MOMENTO. Comienza a bajar la luz en la playa izquierda mientras aumenta un poco en la playa derecha. Se separan.)

VIEJO.-¿¿Qué veo?? ¡La noche retrocede!

MUJER.-¿¿Es cierto?? ¡El día va alcanzando la cumbre de sus postreras horas!

(Se acentúa esta mutación.)

VIEJO.-¡Continúa cambiando!

MUJER.-¡El tiempo avanza en su carrera!

(La mutación se hace más patente.)

VIEJO.-Ahora no tengo frío.

MUJER.-El calor ha desaparecido.

(La luz del crepúsculo aparece en las dos playas.)

VIEJO.-¡¡Estrenamos los dos un único crepúsculo!!

MUJER.-¡¡Las olas idearon la misma primavera!!

(VIEJO hace mutis por el segundo termino izquierdo de su playa al mismo tiempo que MUJER hace mutis por el segundo término derecho de la suya. UN MOMENTO. Ruido sereno de las olas. UN MOMENTO. SILENCIO.)

CORO DE OLAS.-Las campanas suenan al unísono desde sus catedrales. Los seres no nacen para ser felices. No pueden comunicarse como muñecos que pierden la voz al saludar el alba. La esperanza sólo es una fórmula que no descubre ningún laboratorio. ¡El tiempo sigue y en el cielo amanecen las estrellas!

(OSCURO. Vuelve la luz y vemos una noche estrellada en cada playa. En la de la izquierda y en el centro, una elegante silla. En la de la derecha y en el centro, un piano y detrás una silla. La escena está vacía. Ha desaparecido el bastón. UN MOMENTO. Por el centro del lateral izquierdo de su playa, entra solemne MUJER. Viste un elegante traje de noche. Se sienta en la silla y mira ilusionada la playa derecha. UN MOMENTO. Por el centro del lateral derecho de su playa, entra serio y seguro VIEJO. Viste de etiqueta. Va hasta delante del piano al mismo tiempo que MUJER se levanta y aplaude. Inclina solemne la cabeza.)

VIEJO.-¡Agradezco, mi vida, tu presencia!

MUJER.-¡Haz llegar la grandeza de tu arte!

(Se sienta. VIEJO va hasta el piano y se sienta.)

VIEJO.-A petición de ustedes...

(Se concentra. SILENCIO. Comienza a teclear ensimismado “Claro de luna” de Beethoven.)

MUJER.-¡Oh! ¡“Claro de luna” de Beethoven!

(Se torna abstraída mientras VIEJO continúa tocando igual. UN MOMENTO. VIEJO, mientras se sigue oyendo la música algo más baja, se levanta y va hasta el centro de la orilla de su playa al mismo tiempo que MUJER se levanta y va hasta el centro de la orilla de la suya.)

VIEJO.-¿Te gusta?

MUJER.-¡Me fascina! ¡Cuánta maestría en la ejecución!

VIEJO.-¿De verdad?

MUJER.-Parece que los ángeles pasan sus manos sobre las blancas teclas del piano.

VIEJO.-Todo lo que interpreto y compongo te lo debo a ti.

MUJER.-Es tu talento que ha renacido.

VIEJO.-Me sentía viejo y acabado.

MUJER.-Te he visto siempre joven.

VIEJO.-Pensaba que mi vida se estaba terminando, pero al llegar tú... ¡Has cambiado el rumbo a mi existencia!

MUJER.-¡Tú solo te has encontrado!

VIEJO.-¡Mi sueño se ha hecho realidad!

MUJER.-¡Tu sueño lo llevabas dentro de ti!

VIEJO.-Recorreré el mundo y ofreceré grandes conciertos.

MUJER.-Y yo iré siempre a tu lado.

VIEJO.-Compondré toda la música que llevo en mi inmenso mar en el que las olas se rebelan.

MUJER.-Mi compañía hará que lo consigas.

VIEJO.-Mi vida comienza cuando nos conocimos en distantes playas.

MUJER.-¡Toca, amor mío! ¡Toca sólo para mí!

(Se sienta y se torna abstraída como antes al mismo tiempo que VIEJO se sienta ante el piano y vuelve a tocar ensimismado. Crece el sonido de la música como al inicio. UN MOMENTO. Cesa la música. Se levanta y aplaude alborozada. VIEJO va hasta delante del piano e inclina reiteradamente su cabeza. SILENCIO.)

VIEJO.-Gracias, muchas gracias.

(Aplaude.)

MUJER.-¡¡Bravo!! ¡¡Muy bien!!

(SILENCIO.)

VIEJO.-Llevo un grato recuerdo de esta gira.

MUJER.-¡Nos queda el mundo entero!

(Mutis de VIEJO por el centro del lateral derecho de su playa al mismo tiempo que MUJER hace mutis por el centro del lateral izquierdo de la suya. OSCURO. Se hace la luz. Final de una soleada mañana de primavera en las dos playas. Ha desaparecido la silla de la playa izquierda y el piano y la silla de la playa derecha. Una mesa con mantel, servilleta, vaso y cubiertos en el centro de cada playa. En la mesa de MUJER un jarrón sin nada. Una silla detrás de cada mesa. Por el segundo término derecho de su playa, vestido normalmente y con una caña de pescar, entra VIEJO al mismo tiempo que por el segundo término izquierdo de la suya, vestida normalmente y con una caña de pescar, entra MUJER. Se dirigen al centro de sus respectivas orillas.)

VIEJO.-Es la hora de la compra en el mercado del mar.

MUJER.-Lo que hay que hacer para el sustento. ¡Está la vida tan cara...!

(Lanzan, al unísono, sus anzuelos al mar en cada una de sus playas.)

VIEJO.-Pescadito lindo...

MUJER.-Un anzuelo tan sabroso...

(Continúan impacientes con sus cañas. UN MOMENTO.)

VIEJO.-También los peces controlan la natalidad.

MUJER.-Se cansarían de perecer siempre en el mar. Precisan tomar el aire.

(Retiran, al unísono, las cañas. Ruido sereno de las olas. UN MOMENTO. SILENCIO.)

CORO DE OLAS.-Bienvenidos al restaurante del mar, señores.

MUJER.-Es un honor.

VIEJO.-Me veo muy halagado.

(Dejan, al unísono y solas, sus cañas dentro del mar como antes.)

CORO DE OLAS.-Pero siéntese, por favor.

MUJER.-Sin conocer la lista de precios...

CORO DE OLAS.-¡El menú del mar es gratuito!

VIEJO.-¡No procede despreciarlo!

(Se sientan, rápidos y al unísono ante las mesas, en las sillas de sus correspondientes playas.)

CORO DE OLAS.-El cocinero del mar les agradece su visita.

MUJER.-Reciba de nosotros los saludos.

CORO DE OLAS.-¿Desean comer a la carta o prefieren la especialidad de la casa?

VIEJO.-¡La especialidad del mar!

CORO DE OLAS.-¡Autoservicio!

(Los personajes, al unísono, tiran fuertes y lentos de sus cañas. Aparece, en cada anzuelo, un plato con un filete de ternera que ponen delante ellos en sus correspondientes mesas.)

MUJER y VIEJO.-¡¡Un filete de ternera!!

(Vuelven a echar, al unísono, sus anzuelos al mar y tiran de sus cañas como antes. Aparece, en cada anzuelo, una pequeña barra de pan que ponen delante de ellos en sus correspondientes mesas.)

MUJER y VIEJO.-¡¡Un pan salido del horno!!

(Vuelven a echar, al unísono, sus anzuelos al mar y tiran de sus cañas como antes. Aparece, en cada anzuelo, un vaso de vino tinto que ponen delante de ellos en sus correspondientes mesas, Dejan, próximas, sus cañas de pescar.)

MUJER y VIEJO.-¡¡Un vino de la cosecha del mar!!

CORO DE OLAS.-Buen provecho, señores.

MUJER.-Muchísimas gracias.

VIEJO.-Si gustan...

(Se levantan y alzan sus vasos.)

MUJER.-Procede un brindis.

VIEJO.-¡Por nuestro amor!

MUJER.-¡Y también por nuestro hijo!

(Beben, al unísono, un poco. Dejan, de la misma forma, los vasos sobre sus mesas. Ruido sereno de las olas. Van al centro de la orilla de sus playas.)

VIEJO.-Tengo que hacerte un regalo.

MUJER.-¡Qué emoción! Yo te obsequiaré igualmente con otro.

(Se agachan , al unísono, e introducen sus manos en el mar.)

VIEJO.-Con todo mi corazón.

MUJER.-Una prueba de mi afecto.

(Retiran sus manos del mar y se incorporan.)

VIEJO.-Se deslizan las olas sobre el mar.

MUJER.-¡Y llevan nuestro sueño a cada orilla!

(Se agachan , al unísono, e introducen sus manos en el mar.)

VIEJO.-La ilusión va llegando hasta las manos.

MUJER.-Mas la apretamos para que no vuele.

(Cesa el ruido de las olas. Retiran sus manos del mar y se incorporan felices con lo que han cogido. VIEJO tiene un reloj de pulsera y MUJER un ramo de flores.)

VIEJO.-¡El reloj anunciará horas dichosas!

MUJER.-¡Un jardín en el ramo de estas flores!

(VIEJO retrocede y pone el reloj en su muñeca al mismo tiempo que MUJER coloca las flores en el jarrón. Miran su relojes y permanecen los dos con sus muñecas extendidas. PAUSA.)

VIEJO.-¡Ya son las tres en punto de la tarde!

MUJER.-¡¡Hemos unido el tiempo en los relojes!!

(Se miran dichosos mientras dejan caer, al unísono, sus muñecas. GRAN PAUSA. Se sientan en la silla de sus correspondientes playas. Cogen los cubiertos, comienzan a comer el filete, el pan y van bebiendo el vino. Todo esto lo harán al unísono como si fuesen el mismo personaje. UN MOMENTO. Se miran mientras comen.)

VIEJO.-¡Riquísimo! La carne un poco salada. Si me sube la tensión...

MUJER.-Un joven no come con su médico.

(Comen ensimismados y felices, sin mirarse, mientras se escucha “El mar y tú que me habéis hecho soñar...” en la voz de Jorge Sepúlveda. UN MOMENTO. Terminan de comer y se limpian con las servilletas. Cesa la canción. Se miran.)

VIEJO.-¡Un auténtico banquete!

MUJER.-La cocina del mar siempre es un lujo.

(Se oye el ruido sereno de las olas.)

CORO DE OLAS.-Si precisan repetir los señores...

MUJER.-Oh, no.

VIEJO.-Muchísimas gracias.

CORO DE OLAS.-Las olas siempre estamos aquí para servirles.

(Se levantan, al unísono, y les hacen así una reverencia al mar.)

MUJER y VIEJO.-¡Señoritas...!

(Cesa el ruido de las olas. Ponen, rápidos y al unísono, la silla y caña de pescar en su mesa correspondiente. Cogen la mesa y VIEJO hace mutis por el segundo término izquierdo de su playa al mismo tiempo que mujer lo hace por el segundo término derecho de la suya. Ruido sereno de la olas. UN MOMENTO. SILENCIO.)

CORO DE OLAS.-¡Oh, destino del hombre sin ninguna esperanza! Gran dilema de ser o morar en la nada. Caminando hacia su destrucción que ya está rota. ¡Asesinando sombras que imaginaba luces! El reo duerme en su propio sepulcro. ¡La muerte es cada uno de sus sueños!

(Decrece la luz. VIEJO entra por el centro del lateral derecho de su playa al mismo tiempo que MUJER entra por el centro del lateral izquierdo de la suya. Cada uno está ajeno del otro como si no se viesen. Van al centro de la orilla de sus respectivas playas. Se dirigen a las olas.)

VIEJO.-¡Olas que me acompañáis decidme algo!

MUJER.-¡Responded a mis voces con las vuestras!

VIEJO.-La veía en la otra playa a todas horas.

MUJER.-Ahora miro su playa y no aparece.

VIEJO.-¿Es el amor una ficción risueña?

MUJER.-¿Nos imaginamos seres que no existen?

VIEJO.-¿Estamos condenados al silencio?

MUJER.-¿La ilusión crea futuros en oscuridades?

(PAUSA.)

VIEJO.-Ahora calláis y no movéis los labios.

MUJER.-Me dirijo a vosotras y sois mudas.

VIEJO.-¿Acaso el hombre inventa las palabras del mar?

MUJER.-¿Vivir es soñar y lo real no existe?

(Comienza a decrecer el día.)

VIEJO.-El día va llegando hacia su ocaso.

MUJER.-La muerte sepulta cada día estrenado.

(La noche inunda la escena.)

VIEJO.-Me visita la noche como mi compañera.

MUJER.-Sólo las sombras a mi ser rodean.

VIEJO.-Tengo sueño y las estrellas no muestran caminos.

MUJER.-Quiero dormir y reencontrar mi yo.

(Van hasta el centro de su correspondiente playa y se echan sobre la arena.)

VIEJO.-Cerrar los ojos es ver el rostro de la nada.

MUJER.-Se comienza a vivir dentro de un sueño.

(Se quedan dormidos. SILENCIO. Ruido sereno de las olas. UN MOMENTO. SILENCIO. Sin despertar.)

VIEJO.-¿Qué escucho ahora? La música anida en mi cabeza. ¡Una orquesta se instala en mis oídos.

(Se oye fuerte el vals de "La bella durmiente" de Tchaikovsky. Luz en la playa derecha. MUJER despierta, se incorpora y mira esta playa. Decrece la música.)

MUJER.-¡Oh! Permanece ahí. Duerme. ¡Qué lejos está de mí! El mar nos separa como si su inmensidad fuese lo eterno. ¡Olas! ¡Mis queridas olas! ¡Voces del mar llevadme junto a él!

(Crece la música. Danza, como en un ballet, hasta la orilla.)

Si las olas me transportasen hasta su playa...

(Se escucha muy fuerte la música. Danzando igual va feliz sobre el mar hasta pararse ante él. Cesa la música.)

Buenos días.

(VIEJO despierta confuso.)

VIEJO.-Buenos... días... ¡¡Oh!!

(Se incorpora rápido.)

¡¡Vida mía!!

MUJER.-¡¡Mi amor!!

(Se abrazan y besan fuertemente. UN MOMENTO. Se sueltan.)

VIEJO.-Lo que deseamos puede hacerse realidad.

MUJER.-Nos buscábamos y las olas me trajeron, en sus caballos blancos, hasta tu solitaria playa.

VIEJO.-¿Qué te parece?

MUJER.-Es igual que la mía.

VIEJO.-Nos esperan las olas.

MUJER.-Conversemos con ellas.

(Van, cogidos de la mano, hasta el centro de la orilla.)

VIEJO.-Mis queridas olas.

MUJER.-Las palabras del mar que espero siempre.

VIEJO.-¡No hablan!

MUJER,.¡No responden!

(Ruido sereno de las olas. UN MOMENTO. SILENCIO.)

CORO DE OLAS.-Las olas, hijas del mar, seguimos aquí para escucharos.

VIEJO.-¡Ahora estamos los dos juntos!

MUJER.-¡Nuestras manos permanecen unidas!

CORO DE OLAS.-Las olas, muchas veces, sonreímos.

(Se sueltan y hablan mirando al frente.)

VIEJO.-He vuelto a mi orilla para hablarte.

MUJER.-Yo también me he acercado hasta la mía.

VIEJO.-Tu belleza ilumina mi playa a cada instante.

MUJER.-Me siento muy dichosa verte desde mi orilla.

VIEJO.-Un día coincidiremos en la misma arena.

MUJER.-¡Qué lejos está ese día!

(SILENCIO.)

VIEJO.-Ven. Te enseñaré mi playa.

(Se aparta.)

MUJER.-Tus intenciones...

(Avanza dificultoso.)

VIEJO.-Mujer...

(Corre hacia la izquierda.)

MUJER.-Eres capaz...

(Corre torpemente detrás.)

VIEJO.-¡¡Te deseo!! ¡¡Tienes que ser mía!!

(Corre hasta la derecha.)

MUJER.-¡¡Nos ve la gente!!

(La sigue como antes.)

VIEJO.-¡¡No hay nadie en esta playa!!

MUJER.-¡¡Murmurará el silencio y seré una cualquiera!!

(Mutis de los dos por el segundo término derecho. Ruido muy fuerte de las olas. UN MOMENTO. SILENCIO. Por el segundo término derecho entran dichosos VIEJO, que camina ágil, y MUJER cogidos de la mano.)

VIEJO.-La playa es más hermosa al estar a tu lado.

MUJER.-Seremos muy felices los dos solos.

(Van al centro de la playa. Vuelve la noche. Se sueltan.)

VIEJO.-Dormiremos juntos por vez primera.

MUJER.-¡Qué emoción al compartir la vida!

(Se echan en el suelo.)

VIEJO.-Los dos iluminados por un ramo de estrellas.

MUJER.-¡Y nuestros sentimientos no se apagan!

(Se besan.)

VIEJO.-Buenas noches, tesoro.

MUJER.-Buenas noches, mi amor.

VIEJO.-Esfuérzate por no añorar tu cama..

(Se quedan dormidos. Ruido sereno de las olas. UN MOMENTO. SILENCIO. Suena débil la música de antes. MUJER despierta y se levanta ajena a todo.)

MUJER.-Vuelve a sonar mi música. La música de antes... ¡La música que transporta!

(Crece la música. Van danzando, como en un ballet, hasta la orilla.)

La música que nos lleva a todas las orillas.

(Se oye fuerte la música y danza sobre el mar hasta su playa.)

La música que a nuestra imaginación pone alas para volar sobre las olas del mar siempre en su trono.

(Llega danzando hasta el centro de la playa izquierda. Cesa la música. Se echa sobre la arena y se queda dormida. Sin despertar.)

VIEJO.-Seguro estoy con tu fiel compañía.

(Ruido sereno de las olas. UN MOMENTO. SILENCIO. Sin despertar.)

MUJER.-¡Dulce música! Eres un deleite en mi cabeza. ¡Igual que un escenario en el que vibra una orquesta!

(Se oye fuerte el primer vals de “El lago de los cisnes” de Tchaikovsky. Luz en la playa izquierda. VIEJO despierta, se incorpora y mira esta playa. Decrece la música.)

VIEJO.-¡La veo! Duerme en la lejanía. ¡Está ahí! Es tan hermosa. ¡Olas, palabras del mar! ¡No nos dejéis perdidos en la inmensa distancia! ¡Llevadme, en este instante, junto a ella!

(Crece la música. Danza, como en un ballet, hasta la orilla.)

¡Haced que vuele, asido a vuestras manos, sobre las aguas del mar!

(Se escucha muy fuerte la música. Danzando igual va feliz sobre el mar hasta pararse ante ella. Cesa la música.)

Buenos días.

(Despierta y se incorpora confusa.)

MUJER.-Buenos días...

(Va a abrazarla.)

VIEJO.-¡Amor mío!

(Lo rechaza sorprendida.)

MUJER.-Qué extraño. No te figuraba así.

VIEJO.-¿Te decepciona la vejez que odian los espejos?

MUJER.-No sé... La realidad mata lo imaginado.

VIEJO.-¡Te amo con la pasión que te he creado!

MUJER.-¡Qué pena enterrar el cadáver de una ilusión!

(PAUSA.)

VIEJO.-Tu orilla...

(Van hasta el centro de la orilla.)

MUJER.-¿Cómo es la tuya?

VIEJO.-Igual.

MUJER.-¡Olas, venid a mi embarcadero inexistente!

VIEJO.-¡Necesito el consejo de las voces del mar!

(Ruido fuerte de las olas. UN MOMENTO. SILENCIO.)

CORO DE OLAS.-Las olas escuchamos vuestras ansias.

VIEJO.-¡Decidle que me ame como antes!

MUJER.-¡Dadme la respuesta que preciso!

CORO DE OLAS.-Nosotras no apagamos lo que los sentimientos siembran.

(Hablan mirando al frente.)

VIEJO.-Llegué a creer que te había perdido.

(Le da la espalda.)

MUJER.-Me gustaría amarte, pero me es imposible.

VIEJO.-¿Has destruido el amor que me tenías?

MUJER.-¡Todos lo destruimos!

VIEJO.-¡No ejecutemos la esperanza en un vil cadalso!

(Se vuelve.)

MUJER.-¡Es la esperanza que hace de verdugo!

(PAUSA.)

VIEJO.-Enséñame tu playa.

MUJER.-Sólo es mía.

(La intenta coger.)

VIEJO.-¡Entrégate a mí!

(Va hasta la derecha.)

MUJER.-¡Déjame!

(Corre torpe.)

VIEJO.-¡Ven!

(Corre hacia la izquierda.)

MUJER.-¡No intentes...!

(La sigue igual.)

VIEJO.-¡¡Serás mía!!

MUJER.-¡¡Nunca!!

(Mutis de los dos por el segundo término izquierdo. UN MOMENTO. Por el segundo término izquierdo entran serios VIEJO, que camina igual, y MUJER.)

VIEJO.-Qué triste y monótona resulta nuestra vida.

MUJER.-La muerte del amor genera hastío.

(Van al centro de la playa. Vuelve la noche.)

VIEJO.-La noche habla de ilusiones que ahogamos.

MUJER.-Y sus sombras no proyectan futuros.

(Se echan en el suelo.)

VIEJO.-Dormiremos al lado sin saber que existimos.

MUJER.-La pareja humana jamás ha estado tan lejos.

(Le da la espalda.)

VIEJO.-Hasta mañana.

(Le da la espalda.)

MUJER.-Hasta mañana.

(Se quedan dormidos. Ruido sereno de las olas. UN MOMENTO. SILENCIO. Suena débil la música de antes. VIEJO despierta y se levanta ajeno a todo.)

VIEJO.-Me despierta la música. Mi música ideada... ¡La música que me incita a seguir vivo!

(Crece la música. Van danzando, como en un ballet, hasta la orilla.)

La música con la que alcanzamos cada orilla.

(Se oye fuerte la música y danza sobre el mar hasta su playa.)

La música que inspira a las olas del mar a llevarnos en brazos.

(Llega danzando hasta el centro de la playa derecha. Cesa la música. Se echa sobre la arena y se queda dormido. SILENCIO. Va amaneciendo paulatinamente en las dos playas hasta convertirse en una alegre mañana soleada de otoño. Los personajes van despertando ajenos el uno del otro.)

¡Qué día tan precioso! ¡Abro los ojos a la primavera!

MUJER.-¡Una mañana encantadora de otoño!

(Se incorporan al unísono. Permanecen pensativos. SILENCIO.)

VIEJO.-He tenido un sueño maravilloso...

MUJER.-Un sueño tan absurdo...

(Van, al unísono, hasta las orillas de sus playas.)

VIEJO.-¡Buenos días!

MUJER.-Buenos días.

VIEJO.-Cómo extraño el no encontrarme junto a ti.

MUJER.-¡Yo nada!

(Mutis rápido por el centro del lateral izquierdo.)

VIEJO.-Pero... ¿Qué te sucede? ¿¿Por que reaccionas así??

(Mutis lento por el centro del lateral derecho. SILENCIO. Asoma la cabeza por el centro del lateral izquierdo. Se para.)

MUJER.-No está.

(Retira la cabeza por el centro del lateral izquierdo. SILENCIO. Asoma la cabeza por el centro del lateral derecho. Se para.)

VIEJO.-No ha vuelto.

(Retira la cabeza por el centro del lateral derecho. SILENCIO. VIEJO entra sigiloso y de puntillas por el centro del lateral derecho con una botella oscura en la mano al mismo tiempo que MUJER entra sigilosa y de puntillas por el centro del lateral izquierdo con una botella oscura en la mano. No se ven entre ellos. Van así, al unísono, hasta la orilla de su playa correspondiente. Miran serios al mar. PAUSA.)

Olas, mis queridas olas, preciso vuestra ayuda.

MUJER.-Olas, palabras del mar, prestadme vuestras voces.

(Ruido sereno de las olas. UN MOMENTO. SILENCIO.)

CORO DE OLAS.-Las olas siempre cumplen vuestros deseos.

(Echan, al unísono, sus botellas sobre las aguas de la orilla del mar.)

MUJER.-Haced que llegue pronto. ¡Es urgente!

VIEJO.-Entregadla cuanto antes. ¡No os demoréis!

CORO DE OLAS.-Las olas parten hasta vuestros destinos anhelados.

(VIEJO, sigiloso y de puntillas, hace mutis por el segundo término derecho de su playa al mismo tiempo que MUJER, sigilosa y de puntillas, hace mutis por el segundo término izquierdo de la suya. SILENCIO. Ruido sereno de las olas. UN MOMENTO. SILENCIO. Por el segundo término derecho entra decidido VIEJO al mismo tiempo que por el segundo término izquierdo entra decidida MUJER. Se dirigen, así y al unísono, hasta la orilla de sus playas correspondientes. No se ven entre ellos. Se agachan, recogen una botella y se incorporan. Cogen un escrito de la botella que arrojan en la playa. Se abstraen en la lectura y se tornan estáticos.)

CORO DE OLAS.-Las olas, palabras del mar, queremos que os comuniquéis a través de nosotras. ¡No temáis en la desesperada ausencia! Deseamos que os veáis en vuestra lejanía, que la ficción se torne realidad. ¡Vuestros sentimientos dejarán de ser mudos! ¡La esperanza, sabedlo, existe a veces. Ella lleva el amor a corazones muertos. ¡Y la gran ilusión crea el ser al que amamos y repudiamos que huya como un sueño!

(Los personajes recobran vida, ajenos el uno al otro. Besan, al unísono, las cartas y las guardan en sus bolsillos. Miran ilusionados el horizonte y se abstraen. SILENCIO. Se miran y sonríen felices.)

VIEJO.-¡Buenos días!

MUJER.-¡Buenos días!

VIEJO.-¿Dónde estuviste?

MUJER.-Aquí, en mi playa. ¿Y tú?

VIEJO.-También. En la mía te esperaba.

MUJER.-No nos veíamos y estábamos tan juntos...

VIEJO.-Somos las marionetas que las olas dan vida.

MUJER.-Hablamos con palabras del mar que ellas ofrecen.

(PAUSA.)

VIEJO.-Plasmamos la primera aurora que el cielo tuvo entre sus manos.

MUJER.-Y un nuevo ser que quiere ver el mundo.

VIEJO.-Pronto lo tendremos entre nosotros. ¡Es el fruto de nuestro inmenso amor!

MUJER.-Mi hijo... ¡Nuestro hijo! Llegará a mí y será libre sin cárceles de playas. ¡Ay!

(Lleva sus manos al vientre.)

VIEJO.-¿¿Qué te acontece??

MUJER.-Me duele. Siento como si él soñase la luz que inventa la esperanza.

VIEJO.-Te ayudaré desde aquí como si los dos permaneciésemos juntos y me enseñarás el hijo que engendramos. ¡Nuestra existencia exenta de grilletes!

(Va hasta el centro de su playa izquierda y se retuerce de dolor.)

MUJER.-¡¡Qué dolor tan intenso!! ¡¡El niño grita para exigir su vida!!

(Cae al suelo. Ruido tempestuoso de las olas. VIEJO se asusta y MUJER siente el dolor con mayor intensidad. UN MOMENTO.)

VIEJO.-Falta poco...

(Va dificultosa, a cuatro patas, hasta la orilla de su playa.)

MUJER.-¡¡Oh!! ¡¡Mis fuerzas flaquean!! ¡¡No puedo más!!

(Llega así hasta la orilla. El ruido de la olas se va atenuando y ahora es sereno.)

VIEJO.-Parece...

(Cesa su dolor y extiende sus manos en la orilla.)

MUJER.-Sí...

(Cesa el ruido de las olas. Coge, en la orilla, un bebé en un moisés.)

¡Las olas hacen llegar a mis manos lo que en mi cuerpo había!

(Se incorpora.)

VIEJO y MUJER.-¡¡Nuestro hijo!!

(Deja caer el moisés y sostiene el bebé que aprieta contra ella. Mimándolo.)

MUJER.-¡Mi niño! ¡Mi tesoro! ¡Mi hijo bonito!

(Lo besa y se oye, al mismo tiempo, el beso de VIEJO.)

VIEJO.-¡La bienvenida al mundo!

(Se lo muestra.)

MUJER.-¡Mira tu hijo!

VIEJO.-¡Es un niño precioso!

MUJER.-¡Se parece a ti!

(Los personajes van al centro de cada una de sus playas. Se escucha el llanto del bebé.)

VIEJO.-Llora.

(Saca el pecho y lo amamanta.)

MUJER.-Pronto le pasará.

(Cesa el llanto del bebé y guarda el pecho.)

VIEJO.-Qué dócil.

(Se torna asustada.)

MUJER.-Pero...

VIEJO.-¿¿Qué es?? ¿¿Qué le sucede a nuestro hijo??

(Se torna desolada.)

MUJER.-¡¡No!!

VIEJO.-¿¿Qué le ha ocurrido??

(Se lo muestra.)

MUJER.-¡¡Muerto!!

(Se torna desolado. Los dos lloran. GRAN SILENCIO.)

VIEJO.-Nuestra unión se ha extinguido.

MUJER.-El mundo que inventamos ya no tiene horizonte.

VIEJO.-No podemos soñar e ilusionarnos con lo que un día destruiremos.

MUJER.-La esperanza sólo es una esquela mortuoria que sale en todos los periódicos.

(PAUSA.)

VIEJO.-Únicamente procede...

MUJER.-Es lo correcto.

(VIEJO hace mutis por el segundo término izquierdo de su playa al mismo tiempo que MUJER, apretando el cadáver del bebé contra su pecho, hace mutis por el segundo término derecho de la suya. UN MOMENTO. Los personajes entran por los mismos sitios que acaban de salir. VIEJO trae una pala grande y MUJER vistió al bebé de negro y lo continúa apretando como antes. Van al centro de sus playas correspondientes.)

VIEJO.-Nuestro hijo... El fugaz habitante de la Tierra...

MUJER.-¡Viste de luto por la muerte de nuestro amor frustrado!

(VIEJO comienza a cavar, con la pala, una fosa en su playa mientras MUJER alza triste el bebé en la suya.)

VIEJO.-Cavaré la fosa para su cadáver.

MUJER.-Mi hijo, nuestro hijo, morará en una nube.

VIEJO.-Siempre...

MUJER.-¡Siempre!

VIEJO.-Ya no llorará más en esta farsa trágica.

MUJER.-¡Los bebés muertos son una sonrisa que nace entre las sombras!

(Lo aprieta y lo besa al mismo tiempo que VIEJO le echa un beso con la mano y se escucha, al unísono, el beso de los dos.)

VIEJO.-¡Adiós!

MUJER.-¡¡Hijo mío!!

(SILENCIO. Va decreciendo la luz.)

VIEJO.-Déjalo descansar en el hoyo que he cavado en tu playa.

(Lo deposita en un hoyo que hay en la suya. La luz del crepúsculo ilumina las dos playas.)

MUJER.-Procede, en el crepúsculo, abrigarlo en su cuna.

(MUJER, que se agacha, tapa el hoyo con arena al mismo tiempo que VIEJO, que también se agacha, simula hacerlo en su playa.)

VIEJO.-Un niño muerto siempre sueña futuros.

MUJER.-Un adulto vivo sólo teje su muerte.

(Terminan de taparlo y se incorporan. VIEJO clava la pala en el hoyo que cavó.)

VIEJO.-Encerramos la nada en una tumba.

MUJER.-La nada no se oculta en la memoria.

(Se arrodillan, al unísono, MUJER ante la tumba real y VIEJO ante la que cavó.)

VIEJO.-El recuerdo no muere ni se entierra.

MUJER.-¡Un recuerdo puede ser la historia de una vida!

(Se incorporan y se miran serios. SILENCIO.)

VIEJO.-Si pudiésemos resucitar de nuevo la esperanza...

MUJER.-Olvidar el pasado e inventar, al mirarnos, lo que un día fue amor.

(Ruido sereno de las olas. UN MOMENTO.)

VIEJO.-Las palabras del mar están ahí... ¿Las oyes?

MUJER.-¡Sí! Nos prestarán la voz que rompe oscuridades.

(Van al centro de la orilla de su correspondiente playa. PAUSA.)

VIEJO.-¡Oh!

MUJER.-¡Cuánta alegría!

VIEJO.-Te he vuelto a descubrir después de mucho tiempo.

MUJER.-Llegué a pensar que jamás nos veríamos.

VIEJO.-Estamos tan lejos en nuestras tristes playas.

MUJER.-¡Las distancias no existen al querernos!

(PAUSA.)

VIEJO.-Me gustaría con fuerzas abrazarte.

MUJER.-Y yo entregarme a una ilusión sin fin.

VIEJO.-¡Ven!

MUJER.-¡Acércate!

(Crece un poco el ruido de las olas. Los personajes se introducen en el mar y avanzan lentos.)

VIEJO.-Hacia ti voy.

MUJER.-Yo también camino hasta la dicha que a los dos nos invade.

(Crece el ruido de las olas y caminan más decididos.)

VIEJO.-¡¡Te empiezo a ver muy cerca!!

MUJER.-¡¡Pronto me uniré a ti en un abrazo!!

(El mar los cubre hasta el pecho mientras caminan alegres y aumenta el ruido de las olas.)

VIEJO.-¡¡El amor está obrando el gran milagro!!

MUJER.-¡¡Y el mar inventará aquí la libertad en otra playa!!

(Ruido fuerte de las olas mientras el mar los cubre hasta sus cuellos. Muy próximos.)

VIEJO.-¡¡Falta muy poco para tenerte cerca!!

(Extienden inútilmente sus brazos para abrazarse.)

MUJER.-¡¡No puedo...!!

(La luz de la noche invade mar y playas.)

VIEJO.-¡¡Soñamos amarnos en nuestra locura!!

MUJER.-¡¡Y conseguimos sólo destruir el amor!!

(Ruido tempestuoso de las olas. Sólo se ven alzados los brazos de los personajes. UN MOMENTO. Dejan de verse los brazos. UN MOMENTO. Va decreciendo el ruido de las olas hasta tornarse sereno. UN MOMENTO. La luz de una mañana de primavera ilumina las dos playas. Cesa el ruido de las olas. UN MOMENTO.)

CORO DE OLAS.-Puede que el hombre sea el creador de todo cuanto existe. Su imaginación, no lo dudéis, es infinita e ilimitada. El mar, las olas y las playas permanecen aquí porque él utilizó sus pinceles en el gran blanco lienzo. ¡Somos los protagonistas de este cuadro! Creó las playas y enseguida se torna prisionero. Pensó el mar y en sus aguas perece. Sintió el amor y acabó asesinándolo. Conversó con las olas. Sí. ¡Con nosotras las olas! Y las palabras del mar llevan en sus espumas el recuerdo del ser que únicamente convirtió en un sueño el latir de su vida. ¡Un sueño en el que muere la esperanza!

(Ruido sereno de las olas. UN MOMENTO. SILENCIO. Se escucha "El mar y tú que me habéis hecho soñar..." en la voz de Jorge Sepúlveda. UN MOMENTO.

Lentamente cae el

TELÓN

La Coruña, 30 de abril de 2.004

<u>FINAL DE "OLAS, PALABRAS DEL MAR".</u>

Printed by Books on Demand GmbH, Norderstedt / Germany